Cosas con alas

Dona Herweck Rice

Asesor

Timothy Rasinski, Ph.D.
Kent State University

Créditos

Dona Herweck Rice, *Gerente de redacción*

Robin Erickson, *Directora de diseño y producción*

Lee Aucoin, *Directora creativa*

Conni Medina, M.A.Ed., *Directora editorial*

Ericka Paz, *Editora asistente*

Stephanie Reid, *Editora de fotos*

Rachelle Cracchiolo, M.S.Ed., *Editora comercial*

Basado en los escritos de *TIME For Kids.*

TIME For Kids y el logotipo de *TIME For Kids* son marcas registradas de TIME Inc.
Usado bajo licencia.

Teacher Created Materials

5301 Oceanus Drive
Huntington Beach, CA 92649-1030
http://www.tcmpub.com

ISBN 978-1-4333-4422-0

© 2012 Teacher Created Materials, Inc.

Tabla de contenido

Alas

¡Buf, buf, buf! ¿Oyes un revoloteo? ¿Oyes un aletazo?

Puede ser que oigas **alas**:
¡alas en cosas!

Muchas cosas tienen alas.

Pájaros, murciélagos, abejas y mariposas tienen alas.

¿Cuántas cosas con alas puedes nombrar?

Cosas chiquititas y pequeñitas pueden tener alas chiquititas y pequeñitas.

Cosas enormes pueden
tener alas enormes.

Lo que las alas pueden hacer

Algunas alas pueden volar.
¡Míralas ir!

Algunas otras no pueden volar. Tienen otro trabajo que hacer.

Ayudan a los animales a moverse. Las alas pueden ayudar a los animales a verse más grandes y más fuertes también.

Las alas aun pueden ayudar a los animales a comunicarse.

Cuando un **avestruz** macho quiere una pareja, usa sus alas para mostrarlo.

Las alas pueden ser lentas
o pueden ser rápidas.

¡Las alas de un **colibrí** pueden aletear hasta 50 veces en un segundo!

Las alas pueden planear,
volar alto y descender.

Las alas pueden ofrecer
una vista maravillosa.
¡Arriba, alas, arriba!

Glosario

abeja

mariposa

alas

murciélago

avestruz

pájaros

colibrí

Palabras para aprender

alas

aletear

animales

avestruz

buf

chiquititas

colibrí

comunicarse

descender

enormes

mariposas

más fuertes

más grandes

pequeñitas

planear

revoloteo

volar alto